Snake

Gecko

Centipede

Soft-shelled turtle

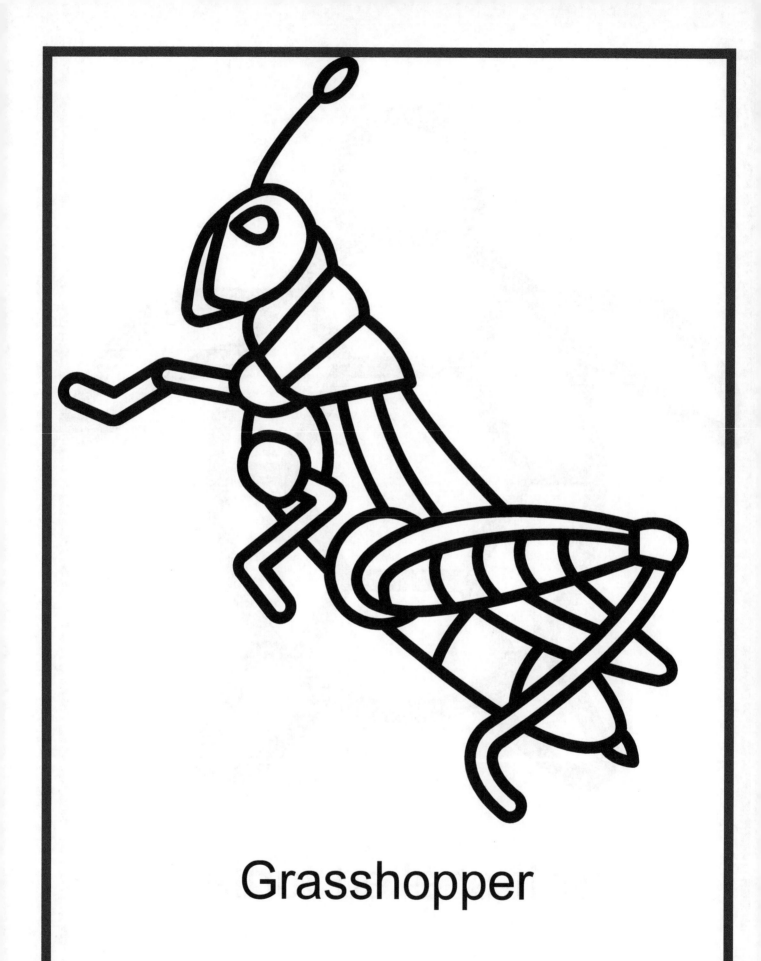
Grasshopper

Crocodile

Snail

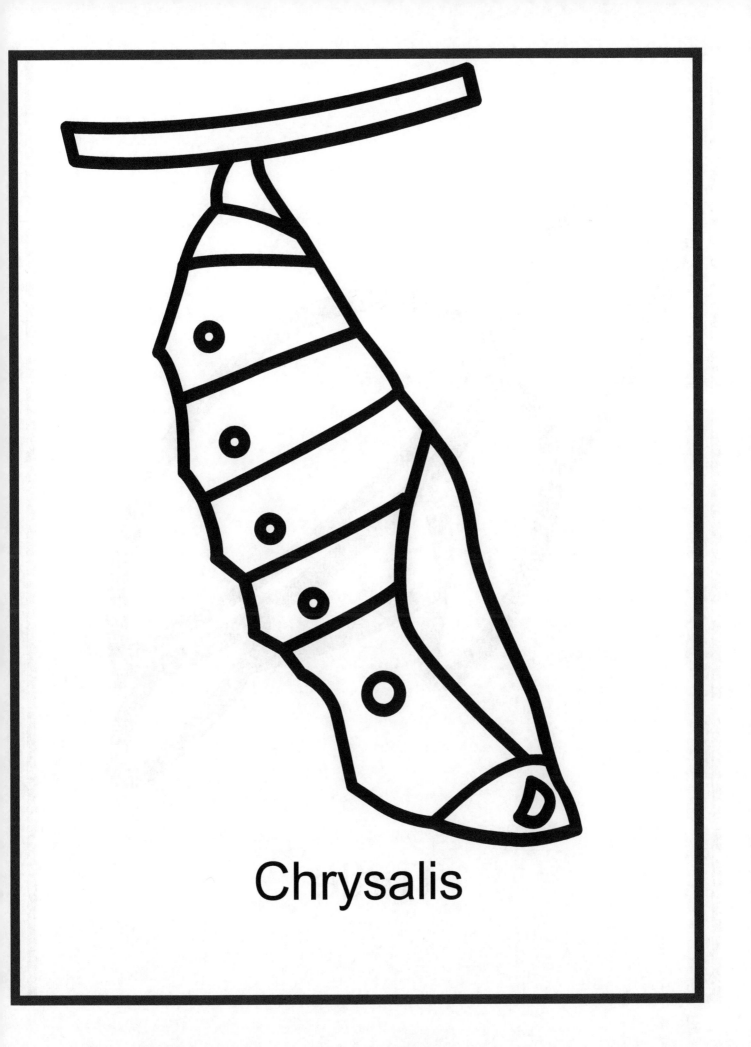

Chrysalis

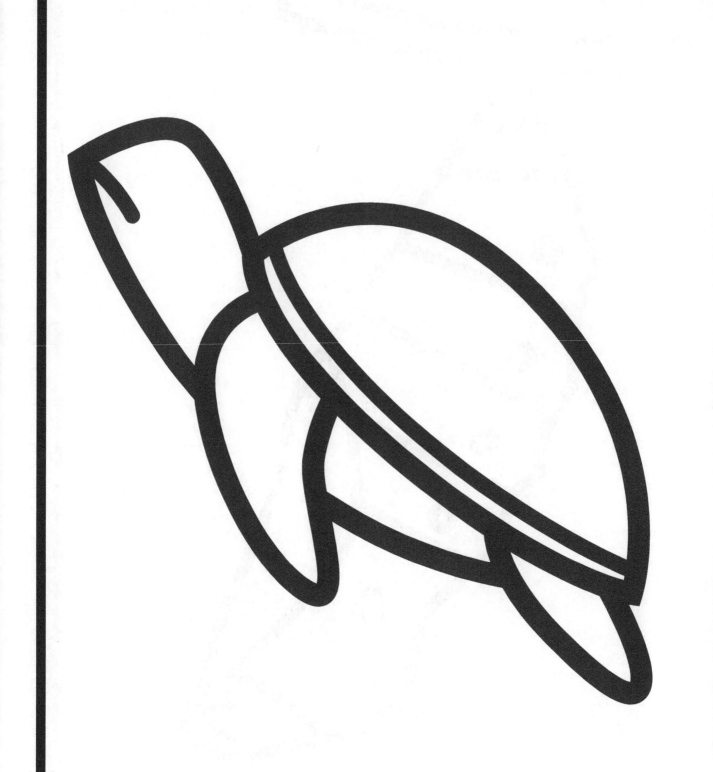

Turtle

Turtle

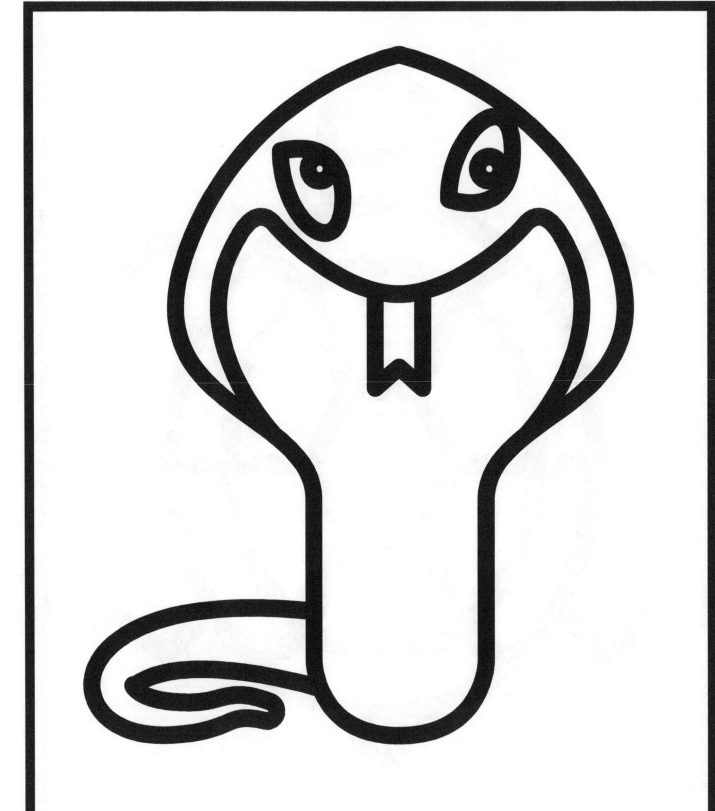

Cobra

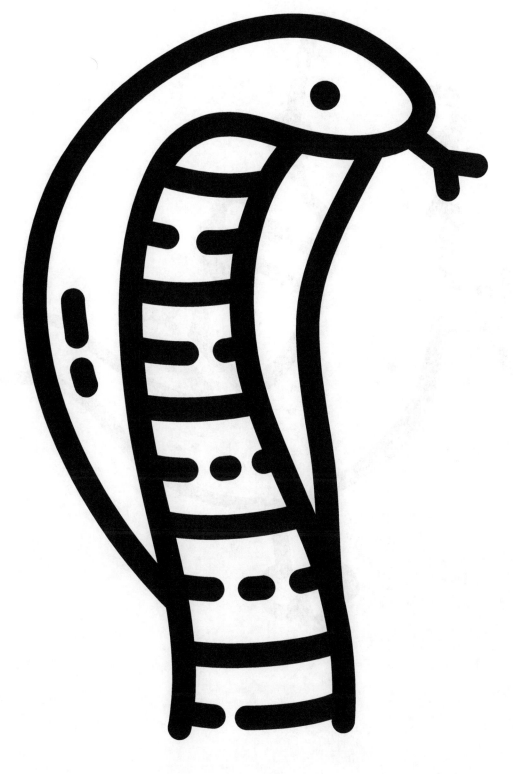

Cobra

Lizard

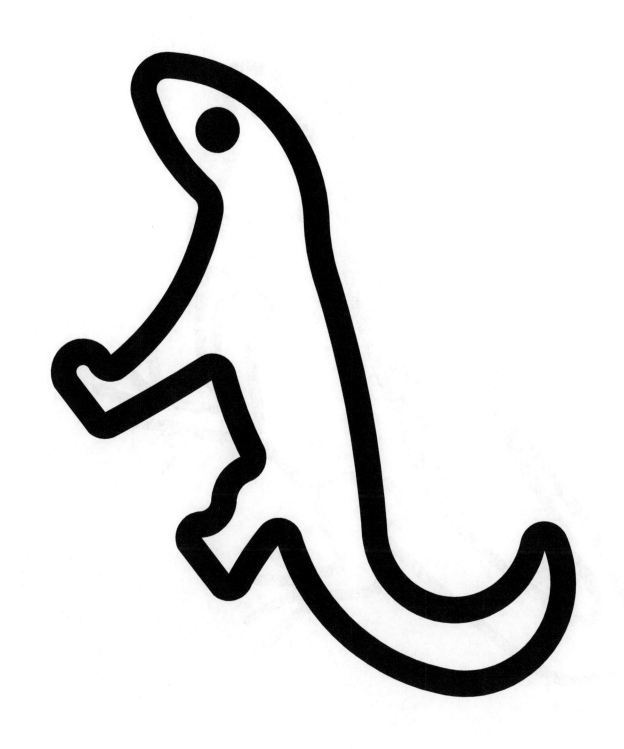

Skink

Iguana

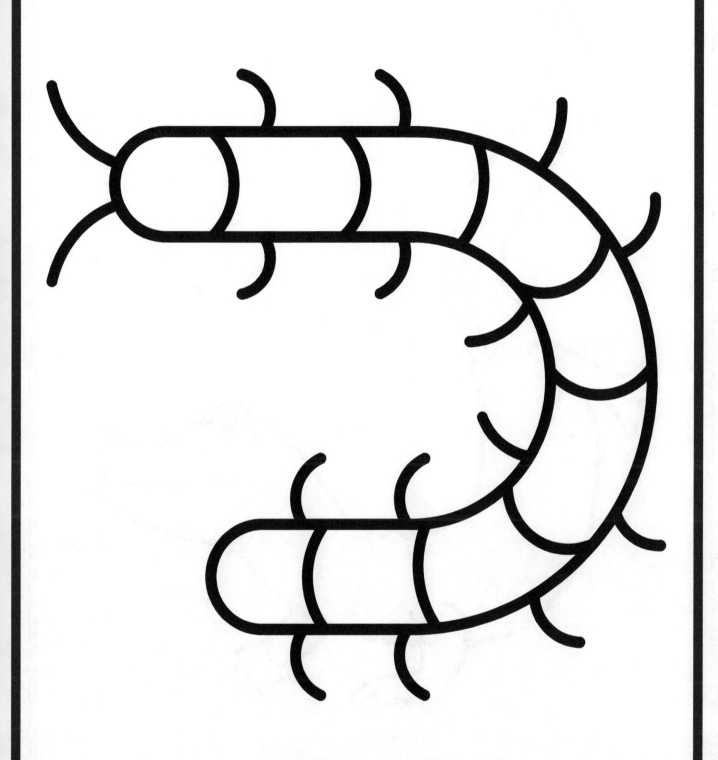

Millipede

Earthworm

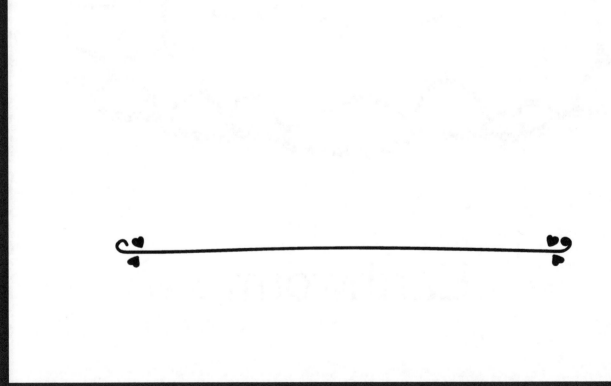

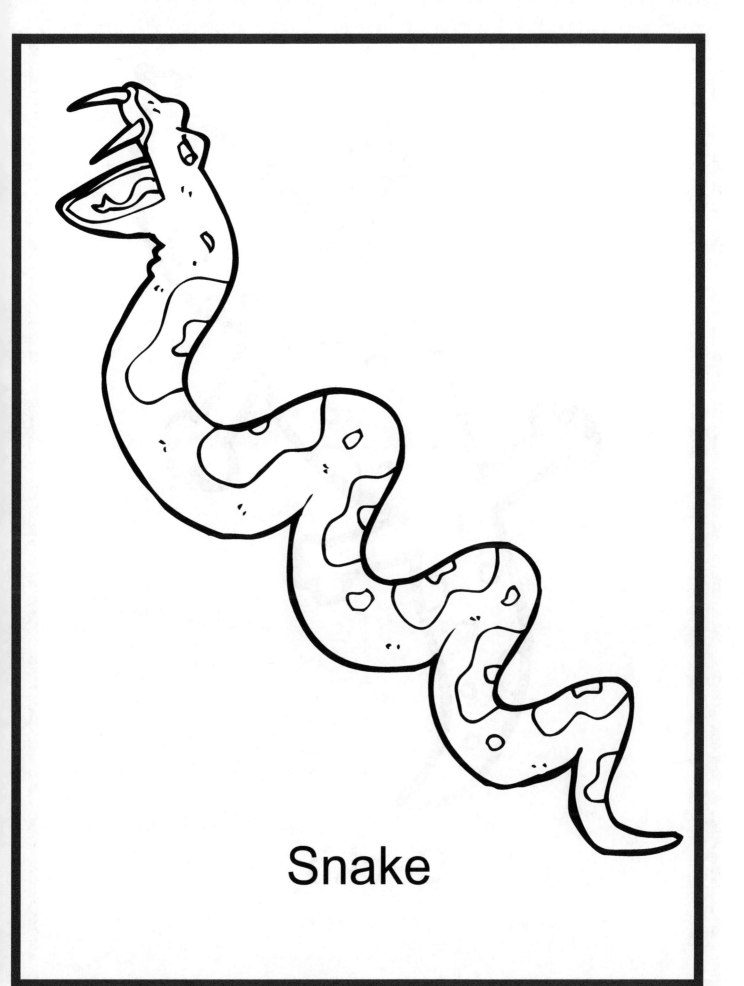

Gecko

Gecko

Centipede

Soft-shelled turtle

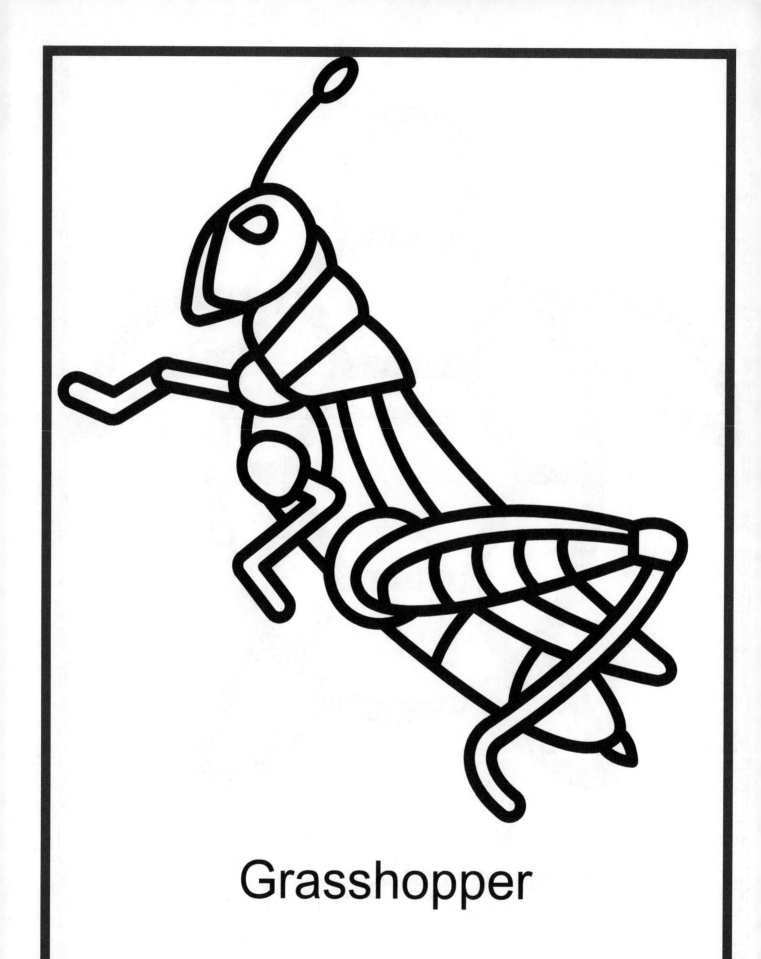

Crocodile

Snail

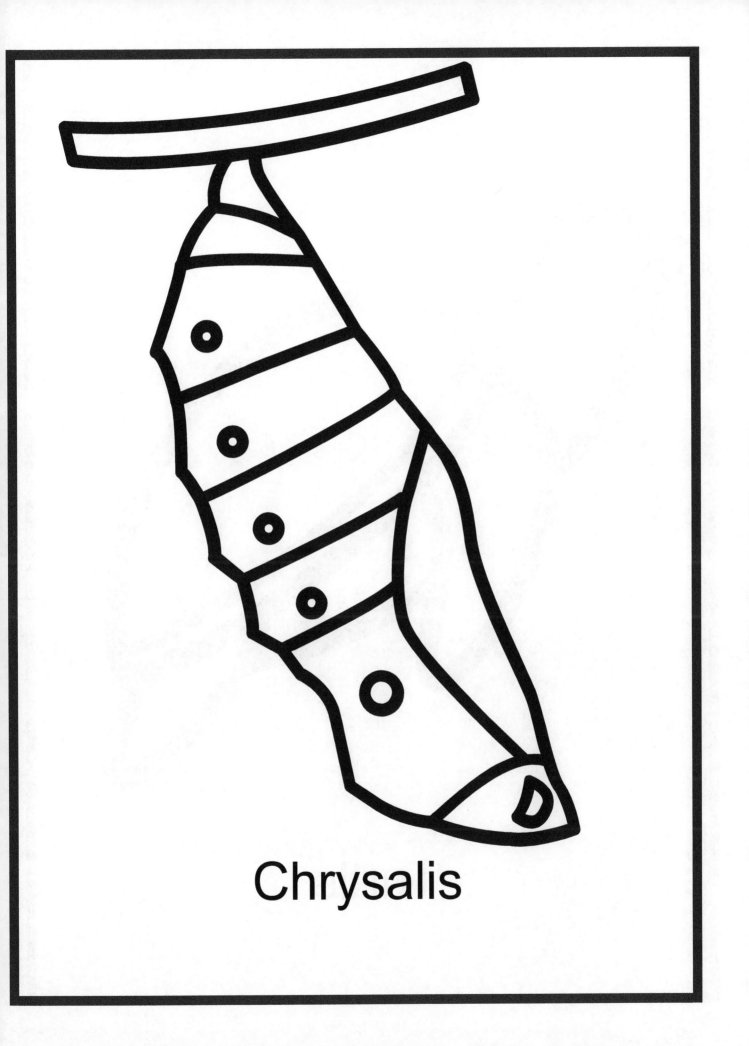

Turtle

Turtle

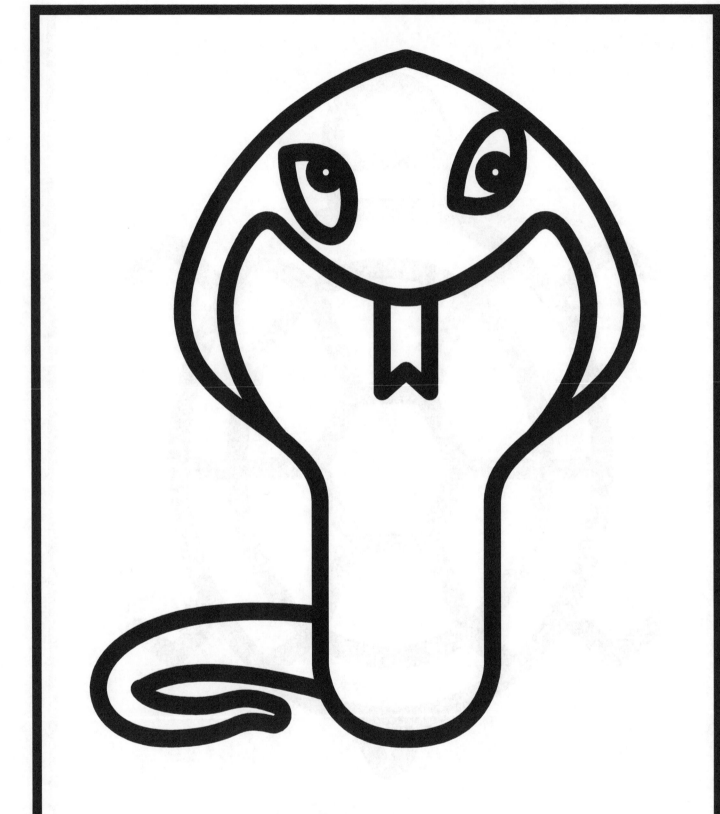

Cobra

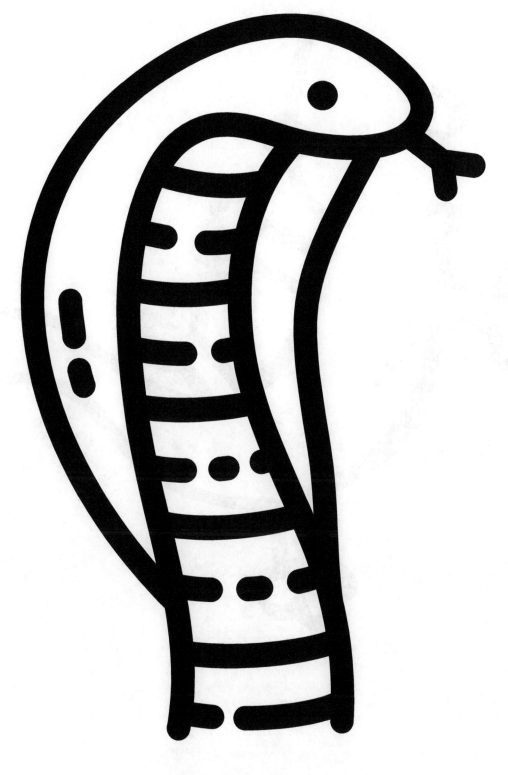

Cobra

Lizard

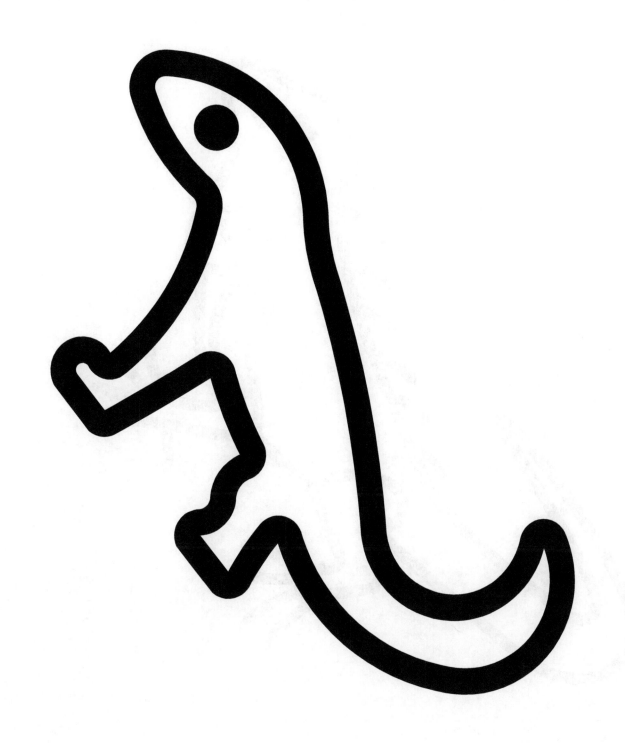

Skink

Iguana

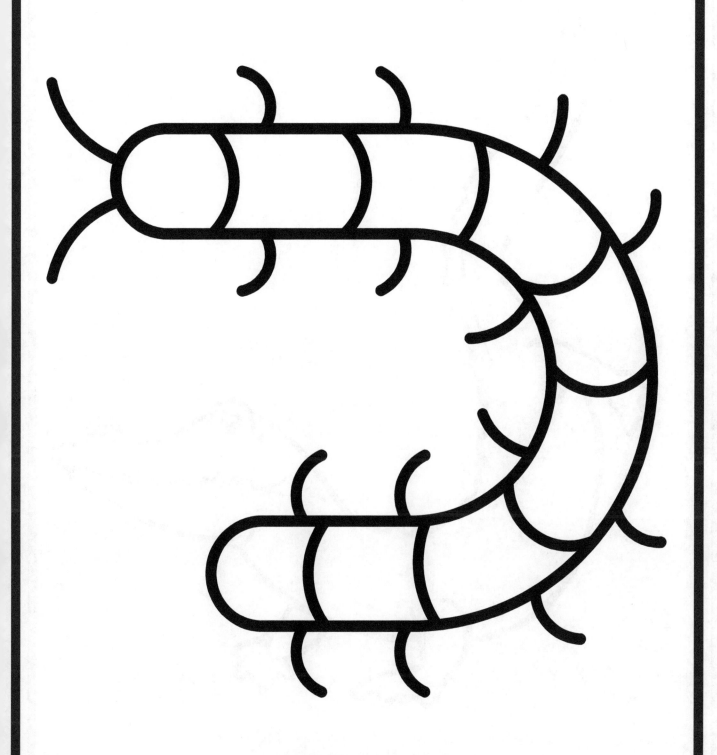

Millipede

Earthworm

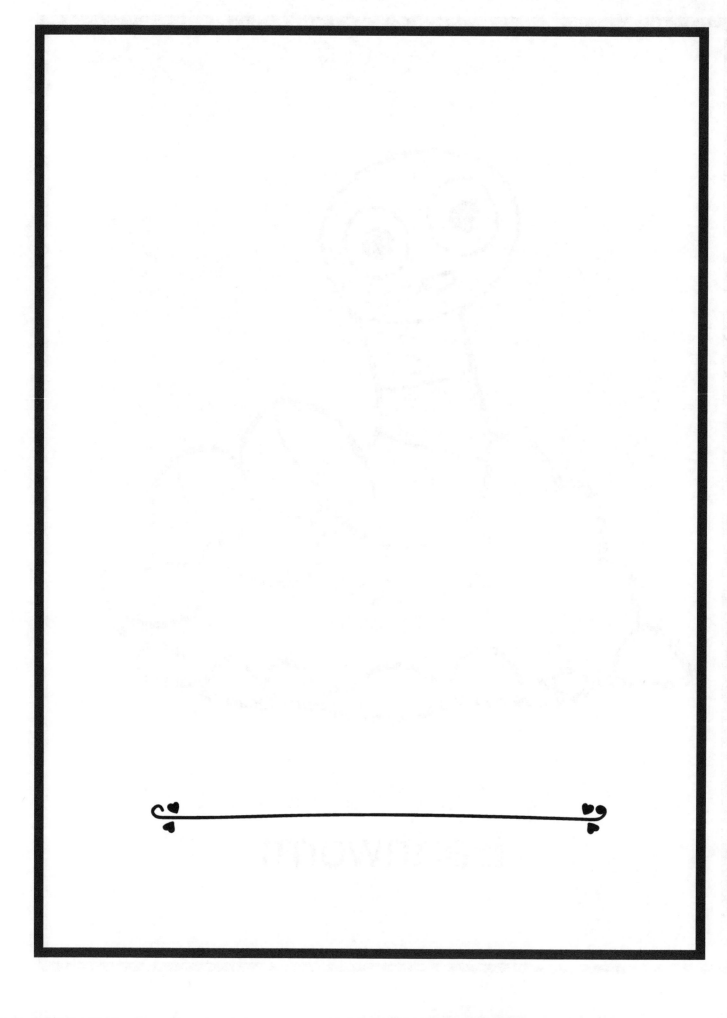